가끔 나도 섬이 되고 싶다

이월호 제3시집

채운재 시선 205

가끔은
나도 섬이 되고 싶다

이월호 제3시집

도서
출판 채운재

시집을 내면서

멈칫...
문득...

앞질러 가려는
시간의 등을 바라보며
하얀 여백에
한 줄, 두 줄 문장을 놓아봅니다.

창문을 두드리는 거친 눈보라
무심코 눈웃음 지을 수 있는 새싹들
바람결에 흠뻑 배인 장미 향
문득 하늘이 높아지고 코스모스 피는 날
작은 마음 하나 담았습니다.

반갑습니다.
함께 할 수 있는 오늘이 고맙습니다.
함께해 주셔서 감사합니다.

    2025년 가을이 오는 뜨락에서
            이 월 호

차례

시집을 내면서   5

1부
어쩌죠

편지를 띄웁니다	12
봄날의 기억	13
가을에 묻는다	14
답장	15
꽃과 꽃병	16
나는	17
어쩌죠	18
풀벌레 우는 밤	19
여름 이별식	20
지나고 보니 다 괜찮았다	21
나의 능소화	22
어떤 날의 잔흔	23
그 여자	24
상사화	25
참 괜찮은 사람	26
뿔뿔뿔	27
아름다운 선택	28
주르륵 주르륵	29
입으로, 잎으로	30
오늘 하루만	31
별, 그리고 너와 나	32

2부
달맞이 길

달맞이 길	34
하얀 연꽃이 지고 있다	35
7월의 숲으로 오라	36
허무한 바람	37
사랑의 관심	38
내 나이에 좋은 것들	39
돛	40
소나기	41
나의 여름 나의 그대	42
자귀 꽃처럼 사랑해야지	43
마지막 사랑	44
밤꽃	45
사랑의 맹세	46
홍시	47
사랑하십시오	48
갯메꽃	49
유월의 단상	50
꽃양귀비	51
가끔은 나도 섬이 되고 싶다	52
보랏빛 아이리스	53

차례

3부
그런 날

그대도 울고 있나요	56
분홍 꽃 민달팽이	57
어버이날에	58
사랑이란	59
나의 궤도를 지키세요	60
자화상	61
라일락 꽃향기	62
그런 날	63
그대를 만나는 날	64
네게로 가는 해바라기	65
박태기꽃(밥티나무꽃)	66
사랑이 오려나 봐요	67
비와 수선화	68
잊혀진 노래	69
무죄	70
밀당 그리고 밀담	71
누가 밤배를 띄웠을까	72
연심	73
어느 날은 그랬다	74
마음	75

4부
빨간 동그라미

광대의 춤	78
너만 꽃인 거야	79
2월호, 이월호	80
특별한 날	81
긍정의 미학	82
호야 등불이 흔들리고	83
우리는	84
작은 기도	85
나 너 좋아해	86
언니야	87
꽃씨가 여물면	88
겨울 장미	89
하나의 사랑	90
빨간 동그라미	91
겨울 숲	92
마지막 잎새	93
훨훨	94
겨울비	95
나의 가을 편	96
여울목	98

차례

5부
잃어버린 우산

풍경	100
꽃무릇의 강	101
달팽이에게	102
소녀	103
가을 소묘	104
부레옥잠화	105
잊으면 안 돼	106
회상	107
그녀의 풍경	108
간이역	109
타래난초	110
소나기	111
잃어버린 우산	112
빗나간 일기예보	113
엄마의 노래	114
담쟁이를 위한	115
계절 전송	116
어미별	117
바라기, 해바라기	118
나 모두 드리리	119

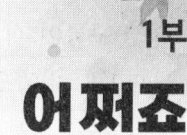

1부

어쩌죠

편지를 띄웁니다

하얀 구름이 예쁜 날
부드러운 바람을 안고서
살랑거리는 음표가 보여요

알락달락 살살이 꽃 춤을 추고
모과 향기 소복이 쌓인 자드락길

이름 모르는 들꽃 속에서
빛 고운 이야기가 들려와요

설렘은 그대 생각 일으켜 놓고
어떠한 기억은 내 안에 살아
자주 재생되어 달빛처럼 차올라요

설령 몽니를 부려도 괜찮아요

물든 노란 나뭇잎에 쓴 편지
내 마음 살포시 얹어 띄웁니다

그대에게 닿아 가슴에 스며들기를

봄날의 기억

금빛일까 별빛일까

노오란 유채꽃 한 무리
여간 찬란한 게 아니야

열두 살 문학소녀의 꿈도
그리 노랗게 이뻤더랬지

세월이 얼마나 흘렀을까

노랑 노랑 유년의 꿈들이
고정된 관념의 굳은 틀에 갇혀
울고만 있었던 거야

시간이 헐렁해진 기억의 틈엔
그 시절 소극장 조역의 내 모습

지금에서야
비로소 봄 같은 시를 짓고 싶다

가을에 묻는다

가을아
누군가의 잔잔한 이야기를

그리도 곱게 풀어 놓았는지
그토록 가득 그리워지게 하는지

누구의 지워지지 않는 상흔이
수많은 별빛처럼 반짝이는지

가을은 유독하게 나를 위하여
조용히 두 손 기도하게 하는지

삼나무 잎
달구는 가을에 물었습니다

그리운 것은 가을에 있는 거냐고

답장

하얀 구름 높다랗게 흐르고
예쁜 코스모스 하늘거리면

그대의 가을은
얼마나 아름다운지
제일 먼저 궁금합니다

우리들의 옛 발자국에
오늘 나의 상념이
하나, 둘 덧쌓이는 소롯길

노란 잎새에 사박사박 쓴 엽서

지나가는 산들바람에게
실어 보내니 받아주세요

나는 조용히 앉아
그립다는 답장을 기다리렵니다

꽃과 꽃병

낡아서 금이 간 구닥다리 꽃병
향기마저도 시든 꽃 한 송이

서로에게 미안해하지 말아요
남들 시선도 연연해하지 말아요

시간이 뭉툭하게 묻은 당신은 꽃병
나는 구부러진 빛바랜 꽃 한 송이

내 마음엔 하냥 곱고 예뻐서
눈에 익은 낭만의 그림으로 보입니다

더 많이, 더 오래 낡아도 돼

초라하다 해도 내 사랑 오래오래
마음 하나로 엮어서 오랫동안

나는

아마도 나는
푸른 초원의 집시였을 거야

아니 별이었을지도 몰라
지상으로 내려오지 못한 못난이

아니면
아주 웅장한 나무 아래
손톱만 한 민들레였을 수도 있어

나는 길 위에 있어요
언제나 당신을 향하여 노래하며
멈추지 않고 걷고 또 걷습니다

어쩌죠

오늘처럼
그 밤도 비가 사무쳤지요

산산이 부서진 그 시절요
그 밤 우린 얼마나 울었던가요

세상은 여전한데
옛 기억을 잊으려고
타박타박 빗속을 걸어봅니다

술 한잔했습니다

그런데요
자꾸만 새록새록 일렁거려요
그날이 더 선명해지고요

큰일입니다, 어쩌죠

풀벌레 우는 밤

어둠 속에서 풀벌레 소리가
가득 차 있어 달빛만큼 환하다

그들도 바람에 흔들리는 걸까

낭랑하게 울리는 울음소리는
무료하지 않게 밤의 적막을
사르는 빛의 존재이다

가장 힘든 일이 있을 때
가장 든든하고 빛나는 것

아마도 그해 계절에 전하지 못한
편지를 읽고 있는지 모르겠어

울음소리 멈출 시간까지 들으려 해

내일이면
풀잎이 사라질지도 모르니까

여름 이별식

바다 내음을
아가미로 모래를 뱉어내는 전갱이처럼
끝 여름밤이 헉헉거린다

너와의 이별도 그랬었지

빽빽거리던
성질머리를 밀어내려고
독한 징벌도 대수가 아니었어

뜨거운 여름으로 속이 단단해지고
어느 계절이든지 그 이름이 내어주는
향기는 오래도록 남는 법이지

너는 미움보다 아련한 그리움이더라

흐르는 물소리처럼 다가와
지울 수 없는 물빛으로 남아서

지나고 보니 다 괜찮았다

한바탕 소나기에 젖었다

오늘이 허전하다는 그대여
못 견디게 힘들다는 사람아

누구에게나 다 늪이 있는 것

빛바랜 회상의 끝을 부여잡고
미련의 자락 끌어안고 있는 사람아

계절은 어느새 등을 돌리고
알싸하던 오늘 유유히 지나간다

희미해진 추억은 한 번만
으스러지게 안아주고 이별하라

아팠으니 강해졌다고
살아온 날이 아름다웠다고

지나고 보면 다 괜찮았다

나의 능소화

애련의 한을 품고 담장을
넘는 시도를
나는 이쯤에서 매듭지으려고 해

나의 향기가 그대에게 닿아
이제 그대가 와주었으면 좋겠어요

나를 울리는 사람아
눈물이 흘러도
그대 모습은 흐려지지 않네

만날 수 있는 기약은 없었지만

이글이글 쏟아지는 태양에도
쫑긋 큰 귀 세우고 서성거리며

나 홀로 오매불망
그대의 발걸음 소리 기다릴 겁니다

어떤 날의 잔흔

너는 괜찮은 거니
나는 이렇게 끝까지 남겨진
흔적에 힘이 드는데

어떤 날은 죽도록 싫어지다가
가끔 무턱대고 궁금해지는 건

어느 날은 미치도록 그리운 너

겁 없이 저질러놓고
흔들리고 머뭇거리다가 우리는
끝내 바람에 무사하지 못했어

달이 알고 별은 알고 있겠지
그리워 가끔 덩그러니 된다는 것을

그 여자

그 여자

연보라 쑥부쟁이 닮은 그 여자

꿈을 향하여 늘 깨어 있고요

예쁘진 않아도 반짝이는 미소에
행복이 묻어나네요

숙맥처럼 틈새도 있지만
글쎄 그 틈새로

바람도 만나고 들꽃도 피우고
별을 볼 줄 안대요

별에서 온 그 여자를 사랑합니다

상사화

그 이름만 들어도
그 이름 앞에만 서면
돋아나는 상사병

무엇을 묻어두고
천지를 진홍빛으로
꽃 난장을 만들었느냐

기다림의 여운
야속하고 아프단다

한 점 꽃물 끝에서라도
꼭 만나고 싶습니다

참 괜찮은 사람

나는 매번 똑같은 말을
툭 던져 놓고 너에게 묻곤 했지

떨리는 손 잡아주며
내 말을 들어주고
내 영혼을 물들여주는
특별한 색깔과 향기를 가진 너

소금 기둥처럼 굳은
그리움의 사유로 몸살을 앓을 때

오롯이 우리 둘만의 길을 나서자

힘주어 말한 그 한마디
부표처럼 떠다니는 마음을 잡아주고
파란 바다에 하얀 꽃길을 열었어

진정 나를 읽을 줄 아는
참 괜찮은 사람, 나의 너

뽈뽈뽈

능소화에 눈물이 터진 걸까
빗물에 음 이탈한 매미의 애가

흔들리며 피고 지는 꽃
나의 그리움 도돌이표와 닮았어

기도가 하늘에 닿지 못한 채

간이역 담장 아래로 주홍빛
애잔한 그리움이 떨어지고 있다

뽀록뽀록 신발에 잠기는 빗물
엉성하지만 스멀거리는 보고픔

사립문이 열려있던 그 옛집으로
냅다 무작정 달음박질한다

뽈뽈뽈, 뽈, 뽈, 뽈

아름다운 선택

만약에
딱 한 번
하나의
법칙이 주어진다면

클래식 리듬같이
맑고 고요한 사랑

삶의
끄트머리
풍경이 시처럼
아름답고 환한
문장을 선택할 거야

주르륵 주르륵

주르륵 주르륵
멈춤이 없는 비가 내리면

한 권의 좋은 책을 들고
창가에 앉는다

분말처럼 흩어지는
그리움과 비릿한 상념을 섞어
돌돌 말아 놓아도

어느새 물컹거리고 녹아내려
눈물이 얼룩지는 날

비가 내리면
널 데려간 가을이 으레껏
제자리로 돌아오겠지

느닷없이 저 먼 끝 네가 보여
비의 전류처럼
주르륵 주르륵

입으로, 잎으로

이 비이 이 비
고운 입이
가만히 있어도 예쁜데

사랑스러운 그대는
하얀 백합처럼
아름답고 향기롭게 속삭여주네요

이 피이 이 피
초록 잎이
보기만 하여도 행복한데

곱살스러운 그대는
예쁜 모습으로
사계의 보금자리에서 꽃피우네요

멋진 당신과 함께 영원히 살고 싶소

오늘 하루만

오늘 하루 분량만큼만
행복하고
걱정은 그만큼만 덜어내자

오늘 하루 주어진 만큼만
아름답게 살고
온전히 그만큼만 사랑하자

내일이란 미지를 사치스럽게
당겨쓰려고
나를 비겁하게 이끌지 말자

오늘은 다시 오지 않아
두 번의 눈빛과
두 번의 고백은 없다

아, 꽃봉오리 터지는 소리
아, 심장 열리는 소리

별, 그리고 너와 나

슬퍼질 때
우울할 때 울지 마세요

별이 수두룩한 하늘섬 하나
만들어 보세요

생각을 바꾸라잖아요
나는 오늘
별의 세상을 만들었어요

막막할 때
서로의 마음을 씻겨주는
그런 좋은 사람 하나
가질 수 있어서 행복합니다

별, 그리고 너와 나

2부
달맞이 길

달맞이 길

까끌까끌한
모래 알갱이를 털 듯

푸드덕
달빛 사이로 날아가 버린
시간의 잔해와 소음

여름 달빛은 한겨울 보름달보다
마음을 더 시리게 하는 건
아직도 기다리는 미련의 잔량일까

달빛 사이로 흐르는 강물 소리

여름밤이면
그리운 덫에 걸려
푹푹 빠지는 달맞이 길

하얀 연꽃이 지고 있다

꽃같이 곱던 여인이 아파
별이 되려고 가는 길 하얗게
아프다

희미하게 지워지려는 기억의 끈
옆 지기에게 막내아들이라 우기는
치매 앓는 아내를
외진 요양원에 남겨둔 채

저무는 강가에서 눈물 떨구는
지긋하신 이웃집 할아버지의
슬픈 뒷모습을 보았다

창백하게 하얀 연꽃 하나를

7월의 숲으로 오라

그대여
어느 거리를 서성이고 있나요
고비 사막을 건너 7월의 숲으로 오라

산 꽃향기
이름 모를 풀벌레
뭇 산새들 어지러이
청잣빛 하늘 아래 푸른 숲 솔향이 짙다

마음속에 낯익은 그리움아

푸른 밤
우리의 나이를 사랑하자
아침이 오면
달콤한 입맞춤과 둥둥 그네를 타자

그대여
지금은 어디쯤 오고 있나요
7월의 등 푸른 나의 숲으로 오라

허무한 바람

간절히 원하면
다 이루어지나요

가슴이 젖도록 기도하면
정말 그리운 사람 올까요

지나가는 바람도
흐르는 흰 구름도
아무 말이 없고

하얀 독백만이 흩어집니다

또 그렇게 사무치도록

사랑의 관심

그가 우는 걸
아무도 몰랐지
나도 몰랐으니까

그대 안에 모든 것
내 아닌 다른 사람은 없어요

이 모든 것
사랑의 관심은
알아낸다는 것을

내 나이에 좋은 것들

이 나이에
짜릿함보다는 고요함이 좋고
튀는 날 보다 조용한 날이 좋다

저릿저릿한
도파민보다는 잔잔함이 좋고
격렬하지 않아도 안락함이 좋다

화려한 식탁보다는
초록의 푸성귀가 핀 밥상이 좋고
가끔은 찬란한 만찬을 차리기도 하지

편하고 다정한 사람들과
예쁜 들꽃 팔랑이는 강가를 거닐며
내 나이를 수놓는 행복이야

소박하고 아름다운 꿈
소중한 인연 하나 고이 간직하면서

돛

사람과
사람 사이
돛 하나 있어

어떤 마음
어느 방향으로
가늠하느냐에 따라서

가는 곳
풍향이 바뀌는
이치와 순리

소나기

오늘따라
소나기는 더
울어대니 어쩌니

나는 괜스레 허둥지둥

소나기의 서러운 통곡 지나
녹색 풀잎 툭툭 일어선다

고요히
마음 귀퉁이
한 떨기 무지개가 피어날까

나의 여름 나의 그대

나의 아침을 향기롭게 깨우고
나의 하루를 초록으로 물들인다

나의 밤을 여름이라는 이름으로
하얀 집을 지어준 그대 덕분에

나의 무더운 여름은
소나기 한줄기에 사르르 녹아내리고
톡톡 튕겨 나온 과즙처럼 싱그러워요

밀려오는 파도 소리와
보랏빛 라벤더 향기 짙은
그대 등에 기대어 별을 묻어둔
섬 이야기도 듣고 싶습니다

노랑별이 웃고
달덩이가 웃고
달맞이꽃이 웃고
그대가 달콤하게 웃었습니다

자귀 꽃처럼 사랑해야지

푸른 갈댓잎이 서걱대는 밤

가닥가닥 접힌 꽃잎 사이로
분홍빛 목소리가 들려오죠

금슬 좋은 자귀 꽃의 안단테
말캉말캉 요동치는 심장

우리 자귀 꽃처럼 사랑해야죠

밤바람에 몇 번을 쓰고 지워도
완성하지 못한 문장을 쥔 채

그냥 나도 행복했다고 쓸까
아냐 정에 울기도 했다고 쓸까

아직도 못다 쓴 여름밤의 서정시

마지막 사랑

마음이 외롭거나 고독하다고
무턱대고 섣부른 사랑은 싫어

잠시 미온적인 위로일 뿐
또다시 외로워질 것이니까

마음이 진실하게 움직이고
준비되어 있을 때 마지막으로
뜨거운 인생과 삶을 걸어라

지금 사랑하는 연인들이여

그 사랑에 울고 있는지
마음을 살펴보고 다듬어라

마지막처럼, 삶의 마지막으로

밤꽃

진정으로 사랑한다면
아직 사랑이 식지 않았다면

비릿하거나 떫은 냄새도
사랑할 줄 알아야 해

초 여름밤 새침한 아낙네
무시로 독하게 정염을 내지른
그 적요의 향기 속으로
더러는 밤잠을 설치기도 한다지

밤꽃 향기라면 손사래 치는 내숭
세상에 똑같은 꽃의 향기라면
얼마나 식상하고 싫증이 나겠어

어쨌든 호불호가 갈리는 꽃

소쩍새는 알아주는 듯 애절하게
소쩍소쩍 소쩍쿵 소쩍꿍

사랑의 맹세

누구나
쉽게 헤어질 거라면
미리 다가서지 말아요

믿음의 뿌리를 키워야 해요

물무늬, 꽃무늬, 바람 무늬, 수놓고
방금 일어난 샛별처럼 빛나며
향기롭게 고이 익어가야 합니다

오늘도
나는 그대에게 기쁨이라고
나는 그대의 예쁜 운명이라고
행복을 자아내며 살아간다고

그런 깊은 사유의 맹세를 하세요

홍시

파란 하늘 허공 사잇길

저건 주홍빛 꽃이라고
등 하나 켜둔 것이라고
추운 겨울 양식이라고

어머니의 가슴 같아서

꾹꾹 눌러썼다가 지우는
편집 없는 그리움이다

엄마가 보고 싶다
울 엄마가 너무 그립다

사랑하십시오

겨울이 잘려 나간 늦봄
달이 조용히 웅크리고 있습니다

언제나 은은한 시간을 물들였었죠

우리는 결이 같을 수는 없지만
사랑하는 마음은 같아서
천국에 사는 것과 같습니다

어떤 고난이 있어도 더욱
더 사랑을 해야 후회가 없습니다

저 달이 다시 둥글게 채워져서
고요하고 환하게 웃을 수 있도록
겸손히 무릎 모으고 사랑하십시오

검은 어둠을 걷고 아침이 올 때까지

갯메꽃

저 홀로 우는 목이 긴 물새야
파도야 너마저 파르라니 우는가

그리도 서럽게 울어대면
저기 여린 갯메꽃 다 지겠다

붉은 혼돈의 시간이 오더라도
모래밭의 속살은 파내지 마라

그대 가만히 귀 기울여 봐요

팽팽한 짠바람을 감내하고
수평선을 바라보며 목이 타도록
부르는 저 분홍 꽃의 함성

내 가슴 한구석 평생 사무친
그리움을 묻어두었어

유월의 단상

하얀 아카시아 향기가 떠나간
뒤안길 풀벌레의 목청이 높고
가슴은 파랗게 얼얼합니다

풋보리가 익어간다고
파릇한 시를 쓰다가
말없이 어깨를 감싸주며
살구빛처럼 노랗게 웃는 당신

쑥국새 우는소리 버무리어
내 이름 부르는 당신의 목소리

플라타너스 나무 아래
남몰래 묻어두었던
우리의 은빛 우주를 기억해요

꽃양귀비

거부할 수 없이 황홀하고
치명적으로 아름다운 정염

화려한 꽃바다에서
호랑나비 간절한 날갯짓
예쁘고 고운 걸 어쩌란 말이냐

스쳐 갈 인연 부디 상처는 내지 마라

아득한 시선 저 너머
나의 산골 소녀의 시간을 본다

가끔은 나도 섬이 되고 싶다

가끔은
나도 푸른 섬이 되고 싶다

덜어내지 못한 등짐을 내려놓고
풍란의 깊은 향기에 취하고 싶다

하얀 파도가 튀어 올라와서
꾸덕꾸덕한 생각의 옷을 벗기고
굳은살을 도려내며 다독이는 곳

물결 부딪히는 부표처럼 둥둥둥

통통배 소리에 선잠을 깨우면
바위섬에 핀 하얀 소금꽃처럼
물새와 조개들의 속삭임 엿듣고

외로울 수 있어도 아늑한 섬
가끔은 나도 섬이 되고 싶다

보랏빛 아이리스

오월의 풀숲에서
고독하게 서성이는 그림자 하나

어둡고 습한 음지에서도
홀로 아름답게 피어나는 꽃

하늘이 맺어주지 못한 첫사랑
이룰 수 없어도
이 계절이 전부라서 피었노라고

보랏빛 사연이 깊어질 동안

첫사랑은 아직도 끝나지 않았음을
그대는 알면서도 모른 체 하려나

3부

그런 날

그대도 울고 있나요

깊은 밤 요란한 빗소리
붉은 해당화 꽃 쏟아지겠구나

별리의 그 밤처럼 또...

그리움의 각질을 적시는 밤비
모진 연민의 가슴 앓이가

이별의 이유를 느꼈을 때
신음 없는 감내의 그 약속을

바다처럼 다 받아들이지 못했어

지금 그대도 나처럼 저 비를 보며
영원히 잊힐 수 없다고

빗소리에 섞여 흐느낄까요? 또...

분홍 꽃 민달팽이

나는 흐느적흐느적
말랑말랑한 민달팽이

갑각의 집은 세상에 내어주고
무거운 상념의 옷은 훌훌 벗어
간이역에 걸어두었어

가볍고 홀가분해서 상쾌하지

송홧가루 노랗게 떠 있는
무논을 지나 녹슨 쟁기에 찢겨도
나답게 쉬지 않고 가는 거야

이 한 몸 바칠 곳 있는지
또 한 번의 탈피를 꿈꾸며

어버이날에

어제는요
그리운 당신의 사진 옆에
빨간 카네이션을 꽂아 놓고
하얀 눈물이 차올랐습니다

바닷물 찾지 않는
폐 염전의 갯벌처럼
다 굳어버린 당신의 모습을
어이 잊고 살아요

사랑하는 나의 어머니
왜, 왜 그렇게
그리 힘들게 사셨나요

방금 별의 목소리가 들려요
가슴으로 눈물이 솟구쳐요
어제처럼 또 그렇게

사랑이란

사랑이란

달과 별처럼
영원히 존재하고 빛나는 것

그리움 펼쳐놓은 고요의 바다

아담과 이브처럼
에덴의 동산을 향해 가는 것

나의 궤도를 지키세요

때로는
망각의 늪을 사랑하세요

지나치게 달달한
이야기에도
진중하게 듣고
흔들리지 말아요

무심코 라도
심연의 중심을
이탈하지 마세요

나의 나
소중한 나의 궤도를 지키세요

자화상

내가 누구인지요

오늘도 나에게 묻습니다

어느 고운 빛의 희망으로
어느 고운 이의 사랑으로

결코, 거창하지 않은

나는 초록빛 풀잎입니다

라일락 꽃향기

그대야
우리 어디에서 사랑하며 살까

잘려 나간 추억의 수평을 잡고
비릿한 빗줄기에 번지는 설렘

물컹 보랏빛 꽃물이 든다네
라일락 라일락 락락락

느릿느릿 나이를 업은 고양이
슬그머니 꽃가지 사잇길로

그래
너도나도 봄날엔 사춘기다

그런 날

저녁 찬거리 시장을 보고도
유난히 밥하기 싫은 날

마땅한 핑계도 없이
공연히 밥 짓기 싫은 날

나도 모르게 오솔길 걷다 보면
구수한 밥 냄새가 진동하는
하얀 이팝 꽃나무 아래 서 있네

기다리셨다는 듯
쌀밥 한 보시기 담아 주시던 엄마

꽃 피는 소리에 귀 기울였지
내 엄마가 환히 웃는 소리

그대를 만나는 날

단단한 바위 껍질을 벗고
사랑스럽게 피어난 들꽃에
송두리째 마음 빼앗기는데

더 예쁜 그대를 보는 순간

행복한 심장
부정맥 되어 철썩이며 요동쳐
아마도 혼절할지도 몰라

어떡해요
내 마음 그대가 책임지세요

네게로 가는 해바라기

사랑은 두렵지 않은 피안

고막을 때리는 바람과 비를
전령으로 앞세운 경적이 지나고
이정표 같은 햇빛을 읽는다

그 거리, 그 시선, 그 찰나

나의 늑골이 부서져도
당신과 부딪히게 될지도 몰라

어떤 말도 필요하진 않아
지금 불멸의 만남이 필요해

내 삶의 이정표 되어주는 당신
나, 지금 가고 있어요

박태기꽃 (밥티나무꽃)

다닥다닥 홍자색 박태기 꽃이
바람에도 든든히 잡아주는 믿음

늘 묵묵히 곁에 있어 주는 가족처럼
오순도순 아름다운 가정이 되렴

세월에 긁힌 상처는 보듬어 주고
지독히 가려울 땐 긁어주면서

다글다글 옹기종기 따스한 마음
서로 지켜주고 암팡지게 사랑을 하렴

행복은 가족으로부터 오는 거란다

사랑이 오려나 봐요

아마도 사랑이 오려나 봐요

흐드러진 봄꽃을 보면서
두견새 우는 슬픈 곡조에도
오지게 설레는 마음 갈팡질팡해

푸른 시냇물에 손만 씻어도
해독되는 마음 헐렁해서 좋아요

바람의 시선에 묶었던 단어들이
어깨에 날개를 달았어요

하늘엔 하얀 새털구름
발끝에 희망의 바퀴를 달아서
봄 밭을 달릴 거야, 달려 나가자

비와 수선화

너에게 나의 눈물이
어떤 의미가 될지는 모르겠어

내가 너에게 사랑한다는 말을
이렇게 한 아름
쏟아낼 줄 몰랐어

비를 피해서 달팽이의 촉수는
요람 속으로 돌아가는데

수선화
비의 모서리에 찍혀 아프지 마라
마음껏 노랗게 피어나라

잊혀진 노래

정말이지 보고 싶었어

네게 전하지 못한 숱한 말들을
내 마음에서 서성이는 말들을
숨기고 가두고 흔들리다가

어느 날엔 가는 노래 가사처럼
너에게 읊어주고 싶었어

끝내
네 마음의 영토를 기웃대다가
얄궂게도 그 말들을 세월에게
모두 빼앗기고 마침표를 찍었어

당신이 먼저 내 마음으로 들어와서
고래처럼 자맥질하길 바랐어

언젠간 내게 노래 한 곡 불러주고
그 노래 좋아하는 나를 기억하렴

잊혀진 나의 이야기를 찾아줘

무죄

금싸라기 햇살에 앞섶을 열고
필사적으로 유혹하는 미풍

미혹의 난장에 겁 없이 만개한
잎새들 일제히 일어나는 외침

여기도 꽃
저기도 꽃
이쪽저쪽 모두

당최 무슨 죄목으로
저 바람기를 형벌하겠냐고

부지런히 언 땅을 녹여 꽃을 피운
그 곱상스러운 죄에 감사해야지

오늘, 그대 무죄를 선고합니다

밀당 그리고 밀담

뜬금없이 하얀 마법에 걸렸다

낯선 이방인이 침입한 듯
춘삼월이 사뭇 생경하다

계절의 환희로운 자리 욕심일까

봄과 겨울의 그 간극
꽃과 흰 눈의 그 틈 사이

어떤 밀당을 하는 걸까
무슨 밀담을 나누는 걸까

봄꽃이 핀 농밀한 밤을
하얗게 내리는 눈의 침입

내 마음은 허기진 채
아직도 아릿하고 어릿하게

누가 밤배를 띄웠을까

목이 긴 고니 한 마리
강을 잃고 바닷가에 앉아 슬피 운다

밤하늘을 부여잡고 흔드는 돛대

후드득 빈 갑판에 떨어진 뭇 별들
파도의 포말 소리 하얗게 싣고
검은 바다를 유영하는 낡은 밤배

얼마나 춥고 외로울까

손 내밀어도 잡히지 않는 별 무리처럼
그대 그림자조차 잡을 수 없네

완벽하지 않은 내 안의 채움과 그리움
생은 터벅터벅 한 걸음씩 나아가고
흐르고 흘러가는 텅 빈 자아

뭍에서 자라서 피어나는 꽃
그 누가 저 밤배를 띄웠는가

연심

남모르게 왔다 간 봄비
나는 산굽이마다
아슴하게 핀 작은 꽃보라

그대 향한 사랑의 한도를
꽉 채운 고지서를 보냈는데

오늘 나는 한정 없이
가장 예쁘게 피고 있다고
문자 한 줄 보냈는데

그대는
아득히 모르는 것 같더라

어느 날은 그랬다

먼 산마루 등성이
시루떡을 쪄내듯 모락모락
비안개 피어오른다

밤사이 도둑비 내렸을까

베란다 창틀에 핀 물방울들
창문을 여니 소스라치게
놀라 떨어지며 뭉개지는 모습

멈칫 미안해진다

녹지 않는 날개가 있다면
너도 새처럼 날아갔을 텐데
부서진 목각인형처럼
그냥 마음이 삐걱거린다

우두커니 미아가 되어

마음

그거 아시나요

은연 미진하게라도
남의 마음 얻기란
쉽지 않다는 것을요

굳이 당신의 좋은 마음과
선한 삶 신열을 앓으면서
소비하지 말아요

모르는 게 남의 마음이라서요

4부

빨간 동그라미

광대의 춤

이른 아침 산책길 나 심쿵 했어

도로안전공사에서
대전광역시 지자체에서 수년간

생일 축하를 해 준다잖아요

아랫길 맑은 강엔 봄빛이 흐르고
햇살 가루 내린 사거리 교차로로

넓게 트인 저 길 나만의 초대를

꽃처럼 예쁜 꼬깔콘 머리에 쓰고
어릿광대의 질서정연한 퍼포먼스

나의 여정은 오늘도
또, 내일도 행복 바이러스 가득

너만 꽃인 거야

봄이 왔다는 소문
온 동네에 화들짝 퍼졌지요

상실과 고뇌의
속에서도
덧나지 않고 웃어주는 그대
아름다운
너는 봄날의 걸작이야

그대 모습에 빙그레
행복한 볼이 화끈화끈합니다

2월호, 이월호

가문비나무가 푸르른 2월
달력 한 장을 넘깁니다

우수에 젖은 스물여덟 개의
시침들은 작고도 짧아

남들만큼 많이 갖진 않아도
더 잘나진 않아도
3월의 문을 이어주니
얼마나 소중하고 기특해요

같은 이름 앞에서 겨우 나는
시답잖은 시 한 편 써두고
자꾸 작아지고 부끄럽습니다

편집 없는 2월호
아직도 시를 못 쓰는 이월호

특별한 날

너에게로
잠길 것만 같은 날

아름다운 사람
나의 유일한 사람
나를 지탱해 주고 지켜준 사람

어떤 설명도 이유도 필요치 않아

고요한 울림
미끄러지듯 너에게 빠지는 날

긍정의 미학

오늘 내가
만나는 여러 사람들이
어떤 어려움이 있을지라도

조금은 서툴게라도
긍정의 마음으로 포용하고
사랑으로 안아주자

그들도
기쁨을 얻을 것이고
나의 삶도 따라 뜨거워질 거야

긍정의 힘은 대단하니까

호야 등불이 흔들리고

서울에서 언니가 오는 그 밤
깜깜하던 집에 등 꽃이 피었어

어머니는 유리 등피를 씌운
호야 등을 환히 밝혀 커피색 대문과
빈 외양간 사이에 걸어 두셨지요

유난히 눈이 많이 내리는 밤
콩나물 동이에 물 떨어지는 소리

그 소리는 엄마의 흐느낌이었어
깜박이는 호야 등불과
울 언니도 훌쩍였던 것 같아

아무것도 모르는 어린 나는
광목 이불 속에서 숨죽이며 울었어
이유도 모른 채

우리는

세상에
새겨진 꽃잎도, 새도
동행하는 나도, 그대도

가끔은, 아주 가끔은

저마다
작은 아픔의 씨앗 하나
마음 귀퉁이에 묻고 산다네

세상 행복이 아닌 것이 없으니
별처럼 해처럼 서로 토닥이며
푸릇한 새봄의 잎을 피워야 하네

행복의 시작은
상처로부터도 오는 거라네

작은 기도

새벽이 다가와 찬란한 여명처럼
나의 작은 기도가 빛이 되기를

한 방울의 물로 큰 잔을 채우듯
온유한 사랑의 은총을 주시기를

숲의 마음으로 미워하지 않기를

작은 기도에 새잎이 돋고
백합화 피어 오늘은 안녕을
내일은 위로와 희망이 되기를

아무 일 없는 하루가 되고
그리운 이름 하나 부르게 하소서

가슴에 맑은 달 하나 품게 하소서

나 너 좋아해

삶이란 명암이
짙거나 화려해도
간다, 간다
속절없이 꽃잎이 진다

사랑아
나 너 좋아한다고
인생아
꽃별 같은 시처럼 살고 싶다고

이제야 헐렁하게
시 말미에 총총 그려 넣는다

사랑아
인생아
나 너 좋아해

언니야

언니야
싸리꽃 같은 봄눈이 오니까
엄마가 더 보고 싶다. 그치

복찌깨 덮어 목화솜 이불 속에
묻어두신 따뜻한 쌀밥
나의 깨방정으로 밥뚜껑 홀렁

언니야. 미안해

서둘러 언니에게 덮어씌우고
마루짱 기둥 뒤에 가조론히 숨어
야발거리다가 슴것슴것 나타났던 나

언니야
어쩌면 우리 엄마 눈물 같은 꽃
울먹울먹 싸리꽃이 많이도 피었다

꽃씨가 여물면

태양의 궤도에 따라
하루의 꼬리가 달라지지만

당신이 어디에서 오는지
우리를 잇는 인연을
세상의 척도로는 잴 수 없답니다

당신은 영원히 소멸하지 않는
해와 달, 비, 바다, 빛처럼
곁을 떠나지 않을 거란 걸 알아요

꽃씨 여무는 가을이 오면
내게도 의젓해진
벅찬 눈물이 차오를 것 같아요

겨울 장미

지독히
한 서린 차디찬 겨울 삭풍에
그리 붉고 진한 몸살이라니

아름다운 사랑 앞에
예고 없이 아픈 시련과 그리움

거침없이 밀려오는
삭제되지 않은 수많은 문장
꽃잎마다 뜨겁게 품었으리라

아금박스럽게
말이야

하나의 사랑

너만 있으면 행복해
우리는 예정된 만남인 거야

겹겹이 스쳐 간 삶의 너울에도
운명이란 묶은 필연이거든

숱한 계절이 가고 꽃잎이 진다
나뭇잎 사이 반짝이는 별뉘가 될게

영혼이 맑아 요란하지 않은
너와 나 그 이름 하나로 충분해

우리는 무너지지 않았으니까

빨간 동그라미

새해 이순의 길
희망의 여정으로
강물처럼 흘러간 시절을 건져 올렸어

새 달력을 받으셨지

엄마는 새 달력에 절대적으로
빨갛게 큰 동그라미 그리셨어
우리 언니, 오빠 기쁜 생일날이었거든

새 달력을 받았어

엄마의 여름
불안한 마지막 소풍날
떨리는 손끝으로 그려놓은 동그라미
별이 되어 후드득 금세 떨어질 듯해

고요하던 찻물이 일렁이던 날

겨울 숲

깊은 잠으로 간 숲
두 손 뻗어 하늘을 우러러 찬양하는
은사시나무의 경배를 봅니다

눈송이들의 자비로
백색의 옷을 입은 성직자의 모습
지친 영혼에게 평안을 줍니다

오늘은 젖은 눈빛으로 바라봅니다

박차고 날아오르는
저 하얀 빛은 용서의 숲

마지막 잎새

바람의 횡포에
굳게 버티는 잎새 하나

사람의 모진 생명 같아서
오늘도 안쓰러운 붉은 노래로
격자무늬 하루를 팔딱거린다

하필 마주친 붉은 벽 양로원
기울어진 이정표 하나 적적하다

물끄러미 파고드는
외롭다는 말조차 잊어버린...

훨훨

1.
무언의 차가운 편린
맑고 고요한 마음에
선명한 빗금 생채기를 남긴 채
훨훨 날아간 무심한 이여

도대체 누구의 잘못이란 말인가

2.
훨훨 노니는 유성의 노를 저어
은하수 은빛 강물을
자분자분 건너오실 것 같은
별이 되신 우리 엄마

하얗게 바랜 하늘을 바라봅니다

겨울비

어느 강을 건너온 빗물일까요

찬바람 달그락대는 유리 창가에
행선지 없이 떠도는 하얀 빗물

기어코 아득한 저 너머
기억의 편린들이 쏟아집니다

기약 없어도 못난 습관처럼
애매한 아픔의 구근을 캐내는지를
비를 타고 오는 회상의 항해

즉흥적으로 부르는 그 이름 하나

까맣게 잊으려 했건만
치근덕거리는 빗방울의 잔영이

나의 가을 편

가을에는
눈만 뜨면 곱고 신비로운 세상

누구나 아름다운 시와 악보를 쓰고
수채화를 그리고 편지를 쓰고

물드는 나뭇잎 뒤에서
영 들리지 않아도 들리는 듯
무언의 작은 목소리를 듣곤 하죠

바람이 물어다 놓고 가는 기억
아슬아슬해서 더 아름다운 추억들
쉬지 않고 순환하는 고즈넉한 시간

가을빛이 바삭바삭 구워놓은
향기로운 노래를 부르며 그냥
영화 속 주인공처럼

일부러 보폭을 느리게 걷기도 하죠

가을이라서 외로운 게 아니라
닳은 마음은 늘 외로운 거래요

여울목

바람의 휘파람처럼 아름다운
소리가 나는 악기가 있을까요

달빛이 옮겨다 놓은 파리한
그리움은 여울목 되어

치어들의 반짝이는 은빛 유영
길을 헤매이던 뭇별의 무리도
집을 찾았나 봅니다

지척에서
세상의 숨소리가 천년을 흐르고
가을이 내어주는 바람의 소야곡
마음은 벌써 행복에 젖어 있어요

저 여울목 치어들의 유희처럼

5부

잃어버린 우산

풍경

전혀 옹색하지 않은
민낯의 우듬지와 만남
뭉텅 심금을 울리는 풍경이란다

빛이 바랜 책들과
고전 음악과 흑백영화와
의도 없이 잘 어우러져 클래식하지

삶을
고독하게 성찰하는 마지막 잎새

다시 만나겠다고
지워질 수 없다고
생각이야 모던한 쪽으로 기울고

정녕
가을이라 그렇게 흔들리는 건가 봐

꽃무릇의 강

무릇, 알아요

빨갛게 밀려드는 그리움과
간당간당한 기다림도

평생을 이루지 못하니까 먼저
내려놓아야 하는 것을

보고 싶은 물살이 잦아들고
기포가 되어 올라오면
적막의 포로가 되기도 하는 것

아득한 기다림이란 걸
어쩌면 부질없다는 걸

무릇, 알겠어요

상사화나 꽃무릇이나 비슷
그리 고와도 외로운 건 매한가지

애초에 우리네 외로운 인생사

달팽이에게

날 수 있다는
과도한 열정 하나로
지혜롭지 않게 날개를 달진 않아요

한결같이 느짓느짓해도 괜찮아
한결같은 그 마음 더욱 좋은걸요

난 내 마음을 다스릴 줄 알아

수년을 기다렸는데
수년을 더 기다린다고
그게 나에게 무슨 대수라고요

단단한 믿음이 나를 받쳐 주지요

소녀

들국화 한 아름 꺾어와
유리병에 꽂고 한참을 바라본다

잊고 있던 꽃의 물음이
시간의 율동을 조율하고
어느새 다소곳이 시의 언어가 된다

유년의 시절 하굣길
하양과 보라꽃 한 움큼 꺾어
와락 안겨주고 달아난 그 남자아이

멋모른 초동 사랑이었을까
첫사랑 씨앗이 발아한 들국화 향기

아직도 내 안에 버리지 못하는
순정의 분홍 느낌표가 살아간다

오늘 밤엔 돌아가리
달빛에 기대어 수줍은 소녀가 되어

가을 소묘

산새 울어 잠들지 못했네
언뜻 망각이라도 생겼으면 좋겠어

나도 미처 다 묻지 못한 아픔이
찾아와서 모진 몸살로
끝내 가을밤을 보내고 말았어

초침에 밀리는 위태로움 속에
혼자 많이도 아프다가

네가 가는 길에 평소보다
더 진한 어둠이 도사리고
폐 깊숙이 저리고 슬펐니

참, 가을은 짧기만 하단다

부레옥잠화

허름한 생선구이 식당
욕쟁이 할머니 소리가 날아다닌다

고소한 구이에 레몬 한 조각이 어우러지고
마당 귀퉁이 절구통의 물꽃은 더 붉어요

세상의 진득한 근심 부스러기
바람에 걸린 뿌연 먼지같이 날아가고
분별없지만 찰진 욕지거리 속
비릿한 생선의 여운이 남았어도
뼈 없이, 창알 없이 웃어주는 떠돌이 꽃

자늑자늑 부레 딛고 도동도동
잠긴 기억의 뿌리 흔들려도 고요해
화려한 핑계 없는 돌절구 가득 피어난 꽃

조용한 내면의 사랑
고운 부레옥잠화가 웃어요

잊으면 안 돼

가을이 좋다는 나의 사람아
그대가 더 좋아 물든 나의 마음

세월이 흘러 서로를 찾는 손끝이
느리고 바래진다 해도
잊어서는 안된다는 비밀번호처럼

우리 사랑이 피었다 지는
모든 향기를 잊으시면 안 돼요

어제 내린 비가 털어낸 묵은
솔잎 같은 잔상들을 밟고 가듯이
우리의 아픈 추억은 버려야 해요

철저하게 지키는 사랑 하나
우리 함께 기억해야 합니다

영원히, 그 말 빈말이 아니기를

회상

기차선로 옆 강바람이 지나가고
뿌연 기억들 물안개처럼 흩어진다

그런데 어찌 된 일이었을까요

오히려 서성거렸던 것도 나였고
이미 사랑한 것도 나였다는 것을

꼭 그래야 했던 것처럼
고단하게 보내야만 한 날에는

움켜쥔 삶의 응어리 오롯이
웅크린 생각으로 자박거린 마음

주름진 기억은 달빛에 숨어 울고
잔불처럼 피어나는 미안한 그리움

마주한 찻잔에 푸른 바람이 분다

그녀의 풍경

중년의 단아한 그녀가
아름다운 수채화 풍경을 그립니다

난 그녀의 풍경을 매우 좋아하지요

철학적이거나
난해 투성이거나
눈이 어지럽지 않고

가식 없는 풀색이 예쁩니다
깊이 있는 운치가 좋습니다

간이역

낡고 퇴색한 기억 저 너머
늦여름 배롱나무꽃이 진다

그곳은
낯선 시간이 졸고 있는 간이역

녹슨 완행열차는 굴렁쇠처럼
보랏빛 가을을 내려놓고
안개의 정적 속으로 멀어져 간다

숨기지 못한 우리의 모든 약속
옷깃에서 스멀거리는 간이역

보랏빛
너를 만나러 간다는 건 행복이야

그땐 그토록 먼 길이었는데

타래난초

사람아

삶이란 조금 갑갑하다고
원망하거나 실망할 것 없어

실타래 같은 온몸을 비틀어서
분홍빛 눈물 한 방울까지 터뜨려

향기롭게 피어난 타래난초를 보라

얽히고설킨 세월 한 뭉치
꼬인 실마리 찾아 휘휘 풀자

느짓느짓 인생 꽃 피워보자

소나기

무시로 찾아오는 소나기

비를 좋아하는 사람들 하나, 둘
목백일홍 아래로 찾아들지만

나는 가로등처럼 우두커니 선 채
흠뻑 젖어보니 이 또한 좋더라

흠모한 연정 모락모락
그리움의 길에 피어오르더니
파란 나비가 되어 날아간다

뒷생각 없이 뺑소니치는 소나기

잃어버린 우산

느닷없는 소나기
난타 뒤 요술 같은 햇빛

잃어버린 투명 우산 하나

세상에서 방황하는
아픈 기억들
하얗게 사라질까나

그 누군가
울고 간 안녕처럼

빗나간 일기예보

소나기가 온다는 일기예보
비를 좋아하던 너도 올까

철커덕 목울대를 비껴간
어떤 과녁의 충격으로 휘청

창밖은 뜨거움으로 티격태격
하얀 접시꽃이 시선을 당긴다

끝내
비도 너도 사운 대지는 않았어
빗나가는 일이 어디 이뿐이랴

엄마의 노래

연분홍 치마가 봄바람에
휘날리더라
오늘도 옷고름 말아 쥐고...

누런 까끄라기 보리 베시면서
엄마의 구슬픈 십팔 번 노랫가락
엄마의 오늘이 또 저물어 간다

반딧불이 하얗게 수놓은 밤
연약한 등에 번지던 파스 내음
하루를 짊어진 어깨가 무겁다

새벽의 댓바람에
음 이탈하는 엄마의 쨍한 목소리
통증의 시작이다

아프다
그 노랫가락은
시리고 슬픈 연가였으리라

담쟁이를 위한

청개구리 발바닥처럼
와글와글 힘껏 끌어당겨

칭얼칭얼 오르는 푸른 담쟁이

더러는
삶도 꿈도 지친다는 걸
초록의 표정에 가려진 게야

그대 푸르른 담쟁이님
편한 의자를 준비했어요

마음 힘들 때 쉬어가세요

계절 전송

속절없이 바뀌는 계절의 이정표

흩어진 기억들은 지금쯤
어딘가에서 들꽃처럼 흔들릴까

회색빛 그을린 담벼락을 돌아
슬그머니 또 한철이 물러간다

무채색 외로움이 낭자한
텅 빈 괄호 안 무엇을 채울까

담쟁이 푸르른 잎맥처럼
그리 견디고 살면 안 되겠니

밤새 비가 오더니
아침, 새로운 먼동이 타오른다

어미별

저 하늘 어미별이 울고 있어요

그리움의 무지개
은하수 건너오신다면
사랑하는 당신을
살갑게 살펴 드리고 싶습니다

당신은 살아서도 밥줄
별이 되고서도 밥 꽃
이밥 꽃으로 피어나셨어요

당신을 잃고 나흘째 되던 날
눈물의 국밥을 먹은 나

사랑하는 당신을 떠나보내고
야멸차게도 국밥이라니

당신은 끝까지 밥을 주셨습니다

바라기, 해바라기

나만을 바라보면 행복해서
노랗게 벙근다는 너

붉은 태양보다 내가 더 빛난대요

두근거린 하루를 보내고
땅거미 내리고 밤이 찾아오면
낯설지 않은 명랑한 웃음 거두고

은빛 달과 은하수를 켜둔 채
달콤한 꿈의 나라로 가요

오늘도 바라기의 무량함
애만 태우다가 까맣게 잊힐까

그저 사랑해서 아프답니다

내가 조금 더 빛을 줄게
저기 저 먼발치까지 비출 수 있게

나 모두 드리리

사랑이 내게로 왔습니다

이슬 젖은 풀색과 바람의 노래
새털구름 흰 돛단배 밀려오고
정감 가득한 낭만의 사랑입니다

물억새 흔들리는 강변 길에선
하나하나 예뻐서 눈물이 납니다

내 맘 아름답게 꽃피워준 당신
나의 가을과 우주를 드립니다

나는 찻잔을 준비할게요
당신께선 후지 사과를 씻을래요?

이월호 제3시집

가끔은 나도 섬이 되고 싶다

초판 발행일 2025년 10월 30일

지은이 이월호

펴낸이 양상구
웹디자인 김초롱
펴낸곳 도서출판 채운재
주소 우) 01314 서울시 도봉구 시루봉로 15라길 38-39 301호
전화 02-704-3301
팩스 02-2268-3910
H·P 010-5466-3911
E-mai ysg8527@naver.com

정가 12,000원
ISBN 979-11-92109-98-5(03810)

@ 이월호 2025

* 이 책은 저작권법에 따라 보호받는 저작물이므로 무단전재와 무단복제를 금지하며 이 책의 내용 전부 또는 일부를 이용하려면 반드시 저작권자와 도서출판 채운재의 동의를 받아야 합니다
* 파손 및 잘못된 책은 구입처에서 교환해 드립니다